Lieblings-Gerichte

aus dem Airfryer

Rezept-übersicht

Bombay Potatoes 4
Brokkoli-Nuggets 6
Feta-Röllchen 8
Mediterrane Käseschnecken 10
Pretzel Monkey Bread 12
Creamy Garlic Chicken 14
Cheesy Zucchinirösti 16
Gemüse-Dumplings mit Reispapier 18
Chicken-Shawarma 20
Parmesan-Knusperschnitzel 22
Cremiger Kartoffelschmaus 24
Marinierte Hähnchenschenkel 26
Teriyaki-Lachs-Bowl 28
Orientalische Zucchiniboote 30
Schinken-Brokkoli-Gnocchi 32
Wikingertopf 34
Schnelle Schinken-Käse-Hörnchen 36
China-Nudeln mit Hähnchen 38
Überbackene Pizza-Schnitzel 40
Chili-Cheese Chickennuggets 42
Cheeseburger Rolls 44
Köstliches Mango-Chicken-Curry 46
Zitrus-Hähnchen 48
Nudel-Schinken-Gratin 50
Airfryer-Lasagne 52
Mediterran gebackener Feta 54
Schweinefilet im Speckmantel 56
Pizzabrötchen 58
Apfel-Quark-Muffins mit Haferflocken 60
Baked Oats mit Hüttenkäse 62

Schnell, einfach, knusprig!

Bombay-Potatoes

2-3 Portionen

Mit Joghurt-Dip

Zutaten

650 g	kl. Kartoffeln (Drillinge)
1-2 EL	Öl
1 TL	Salz
1 TL	Kreuzkümmel, gem.
1 TL	Paprikapulver, edelsüß
1 TL	Currypulver
1	grüne Chilischote
1	Schalotte
etwas	Koriander

Für die Sauce

2 kl.	Tomaten
1 Stück	Ingwer (10 g)
1	Knoblauchzehe

Für den Dip

200 g	Joghurt, 3,5%
½ TL	Salz
1 TL	TK-Kräuter

Vorsicht scharf!

Wer nicht so gerne scharf isst, kann die Chilischote weglassen.

1.

Drillinge waschen, trocknen und halbieren. In die Wanne des Airfryers geben. Öl und Gewürze zugeben und alles vermengen. Die Kartoffeln 15 Min. bei 200 °C garen.

2.

In der Zwischenzeit Tomaten mit Ingwer und Knoblauch in einem Mixer pürieren. Zutaten für den Dip verrühren. Grüne Chili und Schalotte in Scheiben schneiden.

3.

Nach 15 Min. die Tomatenmischung, Chili und Schalotte mit zu den Kartoffeln geben, vermengen und weitere 3 Min. bei 200 °C garen. Mit Dip und Koriander bestreut servieren.

Garzeit:

Temperatur 200 °C
18 Min.

Pro Portion (bei 3):
256 kcal | 39 g KH | 8 g EW | 8 g Fett

Brokkoli-nuggets

15 Stück

Zutaten

475 g	Kartoffeln
500 g	Brokkoli
1	Ei (Gr. M)
50 g	Kartoffelmehl
30 g	geriebener Käse (z.B. Gouda)
1 TL	Salz
¼ TL	Pfeffer, gem.
¼ TL	Muskat, gem.
1 TL	Paprikapulver, edelsüß
1 TL	Knoblauchpulver
etwas	Ölspray

Für den Dip

100 g	Joghurt, 3,5%
100 g	Schmand
½ TL	Salz
1 TL	TK-Kräuter
½ TL	Paprikapulver, edelsüß
etwas	Kräuter nach Wahl

1.

Kartoffeln mit Schale garen und anschließend 5 Min. ausdampfen lassen. Die Kartoffeln durch eine Kartoffelpresse drücken. Brokkoli ebenso kochen, klein schneiden und zu den Kartoffeln geben. Sobald alles abgekühlt ist, restliche Zutaten zugeben und zu einem Teig verkneten. Aus dem Teig mit feuchten Händen kleine Taler formen.

2.

Die Taler in den Airfryer auf das Gitter legen. Mit einem Ölspray besprühen und 14 Min. bei 200 °C garen. Dabei nach der Hälfte der Zeit wenden und nochmal mit Öl besprühen.

3.

In der Zwischenzeit alle Zutaten für den Dip verrühren. Nach Garzeitende zusammen servieren.

Garzeit:

Temperatur 200 °C
14 Min.

Pro Stück:
82 kcal | 9 g KH | 3 g EW | 3 g Fett

Feta-Röllchen

8 Stück

Zutaten

8	Filoteigblätter
200 g	Fetakäse
1 EL	Frischkäse
etwas	Petersilie, gehackt
1	Knoblauchzehe, gehackt
1 TL	Honig
1 TL	Zitronensaft
etwas	Chiliflocken
etwas	Pfeffer, gem.

Ausserdem

1	Ei
1-2 TL	Sesam

1.

Für die Füllung Fetakäse fein hacken. In eine Schüssel geben. Frischkäse, Petersilie, Knoblauch, Honig und Zitronensaft zugeben. Mit Chili und Peffer würzen und vermengen.

2.

Jedes Filoteigblatt am Rand mit Eiweiß bestreichen und etwas Füllung auf die breite Seite geben (s. Bild). Teig mit der Füllung fest aufrollen, dabei die Ränder nach innen schlagen, damit kein Käse austritt.

3.

Röllchen in den Airfryer legen, mit Eigelb bestreichen und mit Sesam bestreuen. Für 6 Min. bei 180 °C garen.

Garzeit:

Temperatur 180 °C
6 Min.

Pro Stück:
133 kcal | 11 g KH | 7 g EW | 7 g Fett

MEDITERRANE Käse-Schnecken

11 Stück

Zutaten

400 g	Pizzateig (Kühlregal)
100 g	Frischkäse
1 EL	Oregano, getr.
etwas	Salz & Pfeffer
180 g	Fetakäse, light (z.B. Salakis)
1 Handvoll	Rucola
70 g	getr. Tomaten, in Öl
100 g	Mozzarella, gerieben

1.

Pizzateig mit Frischkäse bestreichen und mit Oregano, Salz & Pfeffer würzen. Fetakäse mit den Händen über den Teig bröseln. Mit Rucola belegen. Getrocknete Tomaten in Streifen schneiden und darauf verteilen. Die Hälfte des Mozzarellas darüber streuen und den Teig von der langen Seite her zu einer festen Rolle aufrollen. Airfryer auf 190 °C vorheizen.

2.

Teigrolle in Scheiben schneiden und diese mit der Schnittfläche nach oben in den Airfryer geben. Zwischen den Schnecken etwas Platz lassen. Für 12 Min. bei 190 °C im Airfryer backen.

3.

Schnecken mit restlichem Käse bestreuen und nochmal 3 Min. überbacken.

Garzeit:

Temperatur 190 °C
15 Min.

Pro Stück:
190 kcal | 18 g KH | 8 g EW | 9 g Fett

Pretzel Monkey Bread

6 Portionen

schmeckt warm und kalt!

Zutaten

7	Laugenstangen, TK (à 100 g)
1 Kugel	Mozzarella (125 g)
60 g	Katenschinkenwürfel
80 g	Gouda, gerieben
etwas	Salz & Pfeffer

Für den Dip

100 g	Joghurt, 3,5%
200 g	Schmand
½ TL	Salz
½ TL	Paprikapulver, edelsüß
etwas	Schnittlauchröllchen

1.

Laugenstangen 30 Min. auftauen lassen. Dann in Stücke schneiden. Mozzarella in Würfel schneiden. Beides in eine Schüssel geben. Katenschinken, geriebenen Käse sowie etwas Salz & Pfeffer zugeben und gut vermengen.

2.

Airfryer auf 170 °C aufheizen. Laugenmischung in die Wanne des Airfryers geben (alternativ in eine passende Silikonform) und 15 Min. bei 170 °C backen.

3.

In der Zwischenzeit alle Zutaten für den Dip verrühren. Nach Garzeitende das Laugen-Zupfbrot mit Dip servieren.

Garzeit:

Temperatur 170 °C
15 Min.

Pro Portion:
474 kcal | 53 g KH | 21 g EW | 19 g Fett

CREAMY Garlic Chicken

4 Portionen

Zutaten

800 g	Hähnchenbrust-Innenfilets	6	Knoblauchzehen
1 TL	Salz	20 g	Butter
½ TL	weißer Pfeffer	150 ml	Kochsahne
1 geh. TL	Paprikapulver, edelsüß	80 g	Frischkäse
1 TL	Oregano, getr.	1 TL	Gemüsebrühpulver
2 EL	Öl	20 g	Parmesan, gerieben
		etwas	Pfeffer, frisch gem.

Tipp:
Mit Reis und Brokkoli ist das Gericht auch super für Meal Prep geeignet!

1. Hähnchenfleisch in Stücke schneiden. Mit Salz, Pfeffer, Paprikapulver, Oregano und Öl vermengen. Airfryer auf 200 °C vorheizen. Fleisch in die Wanne des Airfryers geben und 5 Min. bei 200 °C garen.

2. Knoblauchzehen in Scheiben schneiden. Nun Butter und Knoblauchscheiben zum Hähnchen geben, durchmischen und erneut 5 Min. bei 200 °C garen.

3. Nochmal durchmischen und weitere 5 Min. bei 200 °C garen. Restliche Zutaten verrühren, über das Hähnchen geben und 3 Min. bei 200 °C erhitzen. Fertig!

Garzeit:
Temperatur 200 °C
18 Min.

Pro Portion:
473 kcal | 5 g KH | 52 g EW | 27 g Fett

CHEESY Zucchini-Rösti

2 Portionen

Mit Kräuter-Dip

Für die Rösti

500 g	Zucchini
1	Ei (Gr. M)
2 EL	geriebener Käse (z.B. Gouda)
130 g	Kartoffelmehl
1 TL	Salz
1 TL	Zwiebelpulver
1 TL	Paprikapulver, edelsüß
etwas	Pfeffer, gem.
etwas	Ölspray

Für den Dip

100 g	Joghurt, 3,5%
100 g	Schmand
1 TL	Salatkräuter
etwas	Salz & Pfeffer

1.

Zucchini mit einer Reibe reiben. Auf ein Geschirrtuch geben und den Saft der Zucchini ausdrücken. Zucchiniraspel mit Ei, Käse, Kartoffelmehl und Gewürzen in eine Schüssel geben und vermengen.

2.

Aus der Masse Rösti formen und in den Airfryer geben. Mit Ölspray besprühen und 14 Min. bei 180 °C backen. Nach der Hälfte der Zeit wenden und erneut mit Öl besprühen.

3.

Zutaten für den Dip verrühren und zu den Rösti servieren.

Garzeit:
Temperatur 180 °C
14 Min.

Pro Portion:
543 kcal | 65 g KH | 16 g EW | 25 g Fett

Gemüse-Dumplings MIT REISPAPIER

6 Stück

Zutaten

12	Reispapierblätter
2-3 EL	Sesamöl
etwas	Sesam

Für die Füllung

20 g	Ingwer
2	Knoblauchzehen
1	Karotte
150 g	rote Paprika
150 g	Chinakohl
1	Frühlingszwiebel
2 EL	Sesamöl
1 geh. TL	rote Currypaste
etwas	Salz
2 EL	Sojasauce
125 g	Tofu

Für den Dip

4 EL	Sojasauce
1 EL	Sweet-Chili-Sauce

1.

Ingwer und Knoblauch fein hacken. Karotte und Paprika fein raspeln. Chinakohl und Frühlingszwiebel in feine Streifen schneiden. Alles zusammen in Sesamöl anbraten. Currypaste, Salz und Sojasauce zugeben, vermengen und kurz erhitzen. Tofu fein zerbröseln und untermischen. Masse abkühlen lassen.

2.

Reispapier einzeln in Wasser einweichen, bis es weich ist (ca. 30 Sek.). Etwa 2 EL Füllung mittig platzieren, Seiten einklappen und einrollen. Vorgang mit einem zweiten Blatt wiederholen. Restliche Füllung ebenso verarbeiten. Dumplings in die mit Backpapier ausgelegte Heißluftfritteuse legen, mit Sesamöl bepinseln und mit etwas Sesam bestreuen. Bei 190 °C 10 Min. frittieren. Wenden und weitere 8 Min. frittieren.

3.

In der Zwischenzeit Zutaten für den Dip verrühren. Nach Garzeitende zusammen servieren.

Garzeit:
Temperatur 190 °C
18 Min.

Pro Stück:
228 kcal | 23 g KH | 5 g EW | 12 g Fett

Chicken-Shawarma

3 Portionen

Zutaten

3	Weizentortillas
200 g	dünne Pommes, TK
1 große	Tomate
1	rote Zwiebel
½ TL	Sumach, gem.
1 TL	Zitronensaft
etwas	gehackte Petersilie

Für das Fleisch

400 g	Hähnchenschnitzel
2 EL	Olivenöl
½ TL	Salz
1 TL	Paprikapulver, edelsüß
½ TL	Zimt, gem.
½ TL	Kreuzkümmel, gem.
½ TL	Kurkuma, gem.
1 TL	Knoblauchpulver
etwas	Pfeffer, gem.
1 EL	Zitronensaft

Für die Sauce

150 g	Joghurt, 10%
50 g	Mayonnaise
1 TL	Knoblauchpulver
etwas	Salz
etwas	gehackte Petersilie

Pro Portion:
686 kcal | 46 g KH | 38 g EW | 35 g Fett

1.

Hähnchenfleisch in dünne Streifen schneiden, mit Öl, Gewürzen und Zitronensaft mischen. Zutaten für die Sauce verrühren. Tomate klein schneiden. Zwiebel in Ringe schneiden und mit Sumach, Zitronensaft und Petersilie mischen. Beiseitestellen.

2.

Pommes in den Airfryer geben und 3 Min. bei 200 °C vorbacken. Nun das marinierte Fleisch zugeben und weitere 10 Min. garen. Tortillafladen auf die Arbeitsfläche geben und mittig Sauce darauf geben. Dann Fleisch, Zwiebel, Tomaten und Pommes darauf platzieren. Nochmal etwas Sauce und einrollen.

3.

Zum Schluss die Rollen in einer Pfanne mit geschmolzener Butter nochmal braten. Alternativ in einen Kontaktgrill oder Sandwichmaker geben.

Garzeit:

Temperatur 200 °C
13 Min.

PARMESAN-Knusper-schnitzel

4 Stück

Zutaten

4	Hähnchenschnitzel
2	Eier (Gr. M)
etwas	Salz & Pfeffer
60 g	Paniermehl
25 g	Parmesan, gerieben
1 TL	Paprikapulver, edelsüß
1 TL	Knoblauchpulver
etwas	Ölspray

Tipp:

Diese Schnitzel passen hervorragend zu einem Caesar Salad. Oder du servierst sie als Schnitzel Milanese mit Spaghetti und Tomatensauce.

1. Eier mit Salz und Pfeffer in einem flachen Teller verquirlen. Paniermehl, Parmesan, Paprikapulver und Knoblauchpulver ebenso in einen tiefen Teller geben.

2. Schnitzel zuerst durch die Eimasse ziehen und dann in die Paniermehlmischung geben. Wenden, sodass beide Seiten paniert sind. Airfryer auf 200 °C vorheizen.

3. Schnitzel in den Airfryer geben und mit Ölspray besprühen. Insgesamt 10 Min. garen, dabei nach der Hälfte der Zeit wenden.

Garzeit:

Temperatur 200 °C
10 Min.

Pro Stück:
303 kcal | 12 g KH | 43 g EW | 8 g Fett

CREMIGER Kartoffel-schmaus

2 Portionen

Beliebt bei Kids!

Zutaten

500 g	Kartoffeln
1	Zwiebel
1 EL	Öl
etwas	Salz & Pfeffer
100 g	Kochschinken
etwas	Schnittlauchröllchen

Für die Sauce

200 ml	Kochsahne
100 g	Parmesan, gerieben
1	Ei (Gr. M)
etwas	Salz & Pfeffer
etwas	gehackte Petersilie

1.

Die Kartoffeln schälen und in kleine Würfel schneiden, anschließend in eine Schüssel geben. Die Zwiebel fein würfeln und zusammen mit 1 EL Öl hinzufügen. Alles kräftig mit Salz & Pfeffer würzen und gut vermengen. Die Mischung in den Airfryer geben und bei 200 °C für 15 Min. backen. Nach der Hälfte der Zeit den Korb einmal durchschütteln, damit die Kartoffeln gleichmäßig garen.

2.

In der Zwischenzeit Schinken würfeln und in einer Pfanne anbraten. Zutaten für die Sauce verrühren. Die heiße Pfanne vom Herd nehmen, Sauce zugeben und gut verrühren.

3.

Zum Schluss Kartoffeln aus dem Airfryer untermischen und mit Schnittlauch bestreut servieren.

Garzeit:
Temperatur 200 °C
15 Min.

Pro Portion:
712 kcal | 46 g KH | 40 g EW | 40 g Fett

MARINIERTE Hähnchen-schenkel

4 Portionen

Zutaten

800 g	Hähnchenschenkel
3 EL	Öl
1 TL	Worcestersauce
1 TL	Paprikapulver, edelsüß
1 TL	Salz
¼ TL	Pfeffer, gem.
½ TL	Currypulver
1 TL	Zwiebelpulver
¼ TL	Cayennepfeffer

Tipp:
Dazu passen sehr gut selbst gemachte Kartoffel-Wedges. Diese kannst auch direkt im Airfryer garen bei 180 °C 20 Min.

1.

Öl, Worcestersauce und Gewürze gut verrühren und die Hähnchenschenkel damit bestreichen.

2.

Marinierte Hähnchenschenkel in den Airfryer geben und bei 190 °C 18-25 Min. garen. Große Hähnchenschenkel 25-30 Min. garen.

Garzeit:
Temperatur 190 °C
25-30 Min.

Pro Portion:
572 kcal | 2 g KH | 32 g EW | 48 g Fett

Teriyaki-Lachs-Bowl

2 Portionen

Zutaten

2	Lachsfilets (à 125 g)
1 EL	Sesamöl
1 TL	Sesam
1 TL	Honig
1 EL	Teriyakisauce
250 g	Süßkartoffeln
1 TL	Olivenöl
etwas	Salz & Pfeffer
½ TL	Paprikapulver, edelsüß
2	Salatherzen
¼	Salatgurke
4	Cocktailtomaten
1 kl.	Avocado
etwas	rote Zwiebel
etwas	Sprossen
etwas	Koriander
2 EL	Limettensaft

1.

Lachsfilets auf den Gittereinsatz des Airfryers legen. Sesamöl, Sesam, Honig und Teriyakisauce verrühren und den Lachs damit bepinseln (Rest wird für das Dressing benötigt).

2.

Süßkartoffeln in Würfel schneiden und mit Olivenöl, etwas Salz & Pfeffer sowie Paprikapulver gut vermengen. Neben den Lachs legen und im Airfryer bei 200 °C 10-12 Min. backen.

3.

In der Zwischenzeit Salat, Gurke, Tomaten, Avocado und Zwiebel klein schneiden und auf 2 Schalen verteilen. Lachs und Kartoffeln darauf platzieren und mit Sprossen und Koriander garnieren. Restliche Marinade mit Limettensaft mischen und über die Bowl träufeln.

Garzeit:
Temperatur 200 °C
10-12 Min.

Pro Portion:
742 kcal | 43 g KH | 29 g EW | 50 g Fett

ORIENTALISCHE zucchini-Boote

4 Portionen

zutaten

1 gr.	Zucchini	125 g	Fetakäse
etwas	Salz & Pfeffer	1 EL	Tomatenmark
50 g	Quinoa (altern. Couscous)	1 geh. EL	Frischkäse
1	Knoblauchzehe	1 TL	Garam Masala
etwas	Petersilie	2 EL	Paniermehl
1	Frühlingszwiebel	etwas	Ölspray

1. Zucchini der Länge nach halbieren und aushöhlen. Mit Salz und Pfeffer würzen. Quinoa nach Packungsanweisung garen. Knoblauchzehe und Petersilie hacken, Frühlingszwiebel in Ringe schneiden und Feta zerbröseln. Mit abgesiebten Quinoa in eine Schüssel geben und vermengen.

2. Tomatenmark, Frischkäse und Garam Masala in eine kleine Schüssel geben und mit etwas Wasser (2-3 EL) verrühren, sodass eine Creme entsteht. Diese unter die Quinoamasse mischen und die Zucchini damit befüllen.

3. Zucchini in den Airfryer legen, mit Paniermehl bestreuen und mit Ölspray besprühen. Bei 180 °C 15 Min. backen.

Garzeit:
Temperatur 180 °C
15 Min.

Pro Portion:
199 kcal | 18 g KH | 10 g EW | 9 g Fett

SCHINKEN-Brokkoli-Gnocchi

2 Portionen

Zutaten

350 g	Gnocchi (Kühltheke)
100 g	Brokkoli
60 g	Kochschinken
300 ml	Wasser
50 g	Frischkäse
1 TL	Gemüsebrühpulver
etwas	Salz & Pfeffer
40 g	Gorgonzola
50 g	Parmesan, gerieben

Tipp:
Für eine fleischlose Variante kann man den Schinken durch Champignonscheiben ersetzen.

1.

Gnocchi in den Airfryer geben. Brokkoli und Schinken klein schneiden und zugeben. Wasser, Frischkäse und Gewürze zugeben und alles gut vermengen.

2.

Nun 10 Min. bei 180 °C garen, dabei nach 5 Min. durchrühren. Dann Gorgonzola klein schneiden und mit Parmesan darüber streuen. Nach Garzeitende alles durchrühren und servieren.

Garzeit:
Temperatur 180 °C
10 Min.

Pro Portion:
558 kcal | 57 g KH | 27 g EW | 23 g Fett

Wikinger-Topf

3 Portionen

Zutaten

2	Karotten
1 EL	Öl
450 g	Rinderhackfleisch
1 TL	Senf, mittelscharf
1 TL	Salz
1 TL	Paprikapulver, edelsüß
½ TL	Pfeffer, gem.
½ TL	Knoblauchpulver
100 g	Erbsen, TK

Für die Sauce

200 ml	Kochsahne
100 ml	Milch, 1,5%
2 TL	Speisestärke
1 geh. EL	Frischkäse
1 TL	Gemüsebrühpulver
50 g	Cheddar, gerieben
etwas	Salz & Pfeffer

1.

Karotten schälen, längs halbieren und in Scheiben schneiden. Mit 1 EL Öl mischen und in die Wanne des Airfryers geben. Rinderhack mit Senf und Gewürzen gut vermengen und daraus Bällchen (à 30 g) formen. Zu den Karotten geben und 13 Min. bei 180 °C backen. Dabei nach der Hälfte der Zeit kurz durchschütteln.

2.

In der Zwischenzeit Erbsen unter heißem Wasser abbrausen und Zutaten für die Sauce mit einem Schneebesen verrühren.

3.

Nach Garzeitende Sauce und Erbsen mit in den Airfryer geben und 3 Min. bei 200 °C erhitzen. Fertig!

Garzeit:

180 °C: 13 Min.
200 °C: 3 Min.

Pro Portion:
631 kcal | 18 g KH | 42 g EW | 45 g Fett

SCHNELLE Schinken-Käse-Hörnchen

8 Stück

Zutaten

1 Rolle	Blätterteig (rund)
150 g	Kräuterfrischkäse
etwas	Salz & Pfeffer
75 g	Kochschinken
50 g	geriebener Käse (z.B. Gouda)
etwas	Ölspray

1.

Blätterteig ausrollen und mit Frischkäse bestreichen. Mit Salz und Pfeffer würzen. Schinken klein schneiden und zusammen mit dem Käse darüber verteilen.

Tipp:

Klappt sehr gut mit einem Pizzaroller.

2.

Teig mit einem Pizzaroller in 8 Stücke schneiden und zu Hörnchen aufrollen. Die Spitze gut andrücken. In den Airfryer legen, mit Ölspray besprühen und 10 Min. bei 180 °C backen.

Garzeit:

Temperatur 180 °C
10 Min.

Pro Stück:
204 kcal | 11 g KH | 6 g EW | 14 g Fett

China-Nudeln mit Hähnchen

4 Portionen

Zutaten

500 g	Hähnchen- oder Putenfleisch
200 g	Spitzkohl
50 g	Frühlingszwiebel (nur das Weiße davon)
100 g	Karotte
200 g	Paprika, bunt gemischt
125 g	Mie-Nudeln

Hähnchenmarinade

1 EL	Sesamöl
1 TL	Ingwerpulver
1	Knoblauchzehe, gepresst
1 TL	Currypulver
2 EL	Sojasauce
½ TL	Salz

Gemüsemarinade

1 EL	Sesamöl
½ TL	Salz
1	Knoblauchzehe, gepresst
½ TL	Chiliflocken
1 EL	Sojasauce

1. Hähnchenfleisch in Streifen schneiden und mit den Zutaten für die Hähnchenmarinade vermengen. 1-2 Std. marinieren lassen, gerne auch über Nacht.

2. Gemüse klein schneiden und in den Airfryer geben, ohne Gitter! Mit den Zutaten für die Gemüsemarinade vermengen. Hähnchenfleisch darauf legen und 20 Min. bei 200 °C garen, dabei nach der Hälfte der Zeit durchmischen.

3. Mie-Nudeln nach Packungsanweisung garen und zum Schluss untermischen. Ggf. nochmals mit Sojasauce abschmecken.

Garzeit:
Temperatur 200 °C
20 Min.

Pro Portion:
372 kcal | 33 g KH | 35 g EW | 9 g Fett

ÜBERBACKENE Pizza-schnitzel

4 Portionen

Zutaten

4	Hähnchenschnitzel
1	Ei
3-4 EL	Mehl
60 g	Paniermehl
etwas	Ölspray

Für den Belag

100 g	Mini-Champignonköpfe (Glas)
50 g	rote Paprika
100 g	Mozzarella, gerieben
30 g	Tomatenmark
100 ml	Sahne
1 EL	Frischkäse
1 EL	Pizzagewürz
½ TL	Salz
etwas	Pfeffer, gem.

1.

Ei in einem flachen Teller verquirlen. Mehl und Paniermehl jeweils in einen tiefen Teller geben. Schnitzel in Mehl wenden, durch das verquirlte Ei ziehen und im Paniermehl wenden. Schnitzel auf das Gitter des Airfryers geben. Mit Ölspray besprühen und 12 Min. bei 200 °C backen. Nach der Hälfte der Zeit wenden und wieder mit Öl besprühen.

2.

In der Zwischenzeit die Zutaten für den Belag vermengen. Paprika hierfür klein würfeln und Champignons entweder ganz lassen oder halbieren.

3.

Sobald die Schnitzel fertig sind, den Belag darauf verteilen und die Schnitzel nochmal 4 Min. bei 230 °C gratinieren. Alternativ 6 Min. bei 200 °C.

Garzeit:
200 °C: 12 Min.
230 °C: 4 Min.

Pro Portion:
485 kcal | 26 g KH | 46 g EW | 21 g Fett

CHILI-CHEESE Chicken-nuggets

12 Stück

Zutaten

2	Knoblauchzehen	1	Ei (Gr. M)
40 g	Cheddarkäse	35 g	Paniermehl
250 g	Hähnchenbrust	50 g	Cornflakes
¼ TL	Salz	etwas	Ölspray
1 Msp.	Pfeffer, gem.		
1 TL	Hot Sauce oder Chiliflocken		

1.

Knoblauchzehen und Cheddarkäse in einem Foodprozessor zerkleinern (Thermomix: 5 Sek./Stufe 5). Hähnchenbrust in Stücke schneiden, zusammen mit Salz, Pfeffer, Hot Sauce, Ei und Paniermehl zugeben und alles zu einer feinen Masse mixen (Thermomix: ca. 10 Sek. / Stufe 7).

Tipp:

Dazu passt sehr gut Raising Cane's Sauce. Hierfür einfach folgende Zutaten verrühren:

4 EL	Mayonnaise
1 EL	Tomatenketchup
1 TL	Knoblauchpulver
½ TL	Worcestersauce
½ TL	Weißweinessig
½ TL	ital. Kräuter, getr.
etwas	Salz & Pfeffer

2.

Cornflakes zerbröseln und auf einen tiefen Teller geben. Von der Masse nun kleine Portionen abnehmen und in die Cornflakes drücken. In den Airfryer legen, mit Ölspray besprühen und 10 Min. bei 200 °C backen.

Garzeit:

Temperatur 200 °C
10 Min.

Pro Stück:
72 kcal | 6 g KH | 7 g EW | 2 g Fett

Cheeseburger Rolls

8 Stück

Zutaten

500 g	Hackfleisch, gemischt
½ TL	Salz
¼ TL	Pfeffer, gem.
1 TL	Paprikapulver, edelsüß
1 TL	Zwiebelpulver
etwas	Öl zum Braten
1 geh. EL	Ketchup
1 TL	Senf
25 g	Gewürzgurken
100 g	geriebener Käse
8	Tortillafladen
etwas	Ölspray

1.

Hackfleisch mit Salz, Pfeffer, Paprikapulver und Zwiebelpulver würzen. In einer Pfanne mit Öl anbraten. Dann Ketchup, Senf und klein gewürfelte Gewürzgurken zugeben und untermischen. Kurz abkühlen lassen.

Tipp:

Für eine fleischfreie Variante kann einfach vegetarisches "Hack" verwendet werden.

2.

Geriebenen Käse unter die Hackmasse mischen. Tortillafladen damit füllen und aufrollen.

3.

Rollen in den Airfryer legen, ggf. etwas Ölspray darüber sprühen und bei 180 °C 8 Min. backen.

Garzeit:

Temperatur 180 °C
8 Min.

Pro Stück:
331 kcal | 20 g KH | 17 g EW | 19 g Fett

KÖSTLICHES Mango-Chicken-Curry

2 Portionen

Dazu passt sehr gut Basmatireis

Zutaten

500 g	Hähnchenbrust
200 g	rote Paprika
100 g	rote Zwiebel
2 EL	Öl
½	Limette, Saft davon
etwas	Salz
½	Mango
etwas	frischer Koriander

Für die Sauce

20-40 g	rote Thai-Currypaste
200 ml	Kokosmilch
150 ml	Wasser
1 TL	Gemüsebrühpulver
1 TL	Speisestärke

1.

Hähnchenbrust, Paprika und Zwiebel in Würfel schneiden und in die Wanne des Airfryers geben. Öl, Limettensaft und Salz zugeben und vermengen. Nun 10 Min. bei 200 °C garen. Nach der Hälfte der Zeit durchmischen.

2.

Nach den 10 Min. die Thai-Currypaste unter das Hähnchen / Gemüse mischen und weitere 5 Min. bei 200 °C anrösten.

3.

Kokosmilch, Wasser, Gemüsebrühpulver und Speisestärke verrühren und über das Hähnchen gießen. Mango würfeln, zugeben und alles zusammen nochmal 3 Min. bei 200 °C garen. Mit Koriander servieren.

Garzeit:

Temperatur 200 °C
18 Min.

Pro Portion:
694 kcal | 29 g KH | 62 g EW | 35 g Fett

Nudel-Schinken-Gratin

3 Portionen

Zutaten

250 g	Nudeln (z.B. Tortiglioni)
200 g	Kochschinken
100 g	geriebener Käse (z.B. Mozzarella)

Für die Sauce

1 kl.	Zwiebel
1	Knoblauchzehe
1 EL	Olivenöl
1 TL	Tomatenmark
50 g	Schmelzkäse (Sahnegeschmack)
¼ TL	Pfeffer, gem.
1 gestr. TL Salz	
½ TL	Zucker
200 ml	Sahne
500 ml	Wasser
2 EL	Speisestärke
1 Msp.	Muskat, gem.
½ TL	Paprikapulver, rosenscharf
1 EL	Schnittlauch, in Röllchen

1. Zuerst Zwiebel und Knoblauch klein hacken und in den Korb des Airfryers geben. Olivenöl zugeben, vermengen und bei 200 °C 2 Min. dünsten.

2. Dann alle restlichen Zutaten für die Sauce hinzufügen, verrühren und 3 Min. bei 200 °C erhitzen.

3. Nochmal durchrühren und gewürfelten Schinken sowie Nudeln hinzufügen. Mit Käse bestreuen und bei 170 °C 35 Min. backen. Dabei alle 10 Min. durchrühren.

Garzeit:
200 °C: 5 Min.
170 °C: 35 Min.

Pro Portion:
795 kcal | 64 g KH | 37 g EW | 43 g Fett

Airfryer-Lasagne

4 Portionen

Zutaten

500 g	Rinderhackfleisch
1 kl.	rote Zwiebel
1 EL	Öl
1 TL	Salz
¼ TL	Pfeffer, gem.
1 TL	Paprikapulver, edelsüß
2 EL	Tomatenmark
500 g	Tomatensauce
50 ml	Sahne
25 ml	Milch, 1,5%
200 g	Crème fraîche
9	Lasagneplatten
100 g	Mozzarella, gerieben

1.

Hackfleisch und gehackte Zwiebel in einer Pfanne mit Öl anbraten. Mit Salz, Pfeffer und Paprikapulver würzen. Sobald das Hackfleisch durchgebraten ist, Tomatenmark zugeben und anschwitzen. Tomatensauce, Sahne und Milch zugeben und verrühren.

2.

Nun die Hälfte Crème fraîche in die Wanne des Airfryers geben und glatt streichen (alternativ eine passende Auflaufform verwenden). Lasagneplatten im Wechsel mit der Hackfleischsauce einschichten.

3.

Zum Schluss restliche Crème fraîche darauf geben und mit Käse bestreuen. Lasagne 25 Min. bei 170 °C backen.

Garzeit:

Temperatur 170 °C
25 Min.

Pro Portion:
748 kcal | 43 g KH | 40 g EW | 46 g Fett

MEDITERRAN
Gebackener Feta

2 Portionen

Zutaten

2	Fetakäse, light (à 150 g)
6	grüne Oliven, entsteint
4	Peperoni
200 g	Cocktailtomaten
½	rote Zwiebel

Zubehör: Auflaufform, 20 x 20 cm

Für die Marinade

3 EL	Olivenöl
1 TL	Honig
1 TL	Zitronensaft
1 TL	Oregano, getr.
1 TL	Paprikapulver, edelsüß
½ TL	Chiliflocken
etwas	Salz & Pfeffer

Tipp:

Als Hauptgericht mit Brötchen servieren oder als Beilage zu Fleisch genießen. Auch eine tolle Grillbeilage!

1. Fetakäse in eine kleine Auflaufform legen. Oliven und Peperoni klein schneiden. Cocktailtomaten halbieren. Zwiebel in Spalten schneiden und alles über dem Fetakäse verteilen.

2. Die Zutaten für die Marinade verrühren und über den Käse und das Gemüse geben. Im Airfryer 10 Min. bei 180 °C backen.

Garzeit:

Temperatur 180 °C
10 Min.

Pro Portion:
585 kcal | 11 g KH | 36 g EW | 43 g Fett

Schweinefilet im Speckmantel

4 Portionen

Mit Curry-Rahm-Sauce

Zutaten

500-600 g Schweinefilet
12 Scheiben Serranoschinken (ca. 150 g)
1 Handvoll Petersilie, gehackt

250 ml	Sahne
200 g	Crème fraîche
20 g	Tomatenmark
1 EL	Senf, mittelscharf
1 EL	Currypulver
½ TL	Salz
¼ TL	Pfeffer, gem.
1 Prise	Zucker

Tipp:
Als Beilage eignen sich Nudeln, Reis oder auch Kroketten.

1.

Schweinefilet in 12 Medaillons schneiden und jeweils mit 1 Scheibe Schinken umwickeln. Nebeneinander in die Wanne des Airfryers setzen und 3 Min. bei 230 °C (Grill) backen. Wenden und erneut 3 Min. backen.

2.

In der Zwischenzeit restliche Zutaten zu einer Sauce verrühren, über die Medaillons gießen und 20 Min. bei 160° C backen.

Garzeit:
230 °C: 2 x 3 Min.
160 °C: 20 Min.

Pro Portion:
577 kcal | 8 g KH | 42 g EW | 41 g Fett

Pizza-Brötchen

4 Stück

Zutaten

2	Ciabatta Aufbackbrötchen	70 ml	Sahne
2	Knoblauchzehen	1 TL	Tomatenmark
50 g	Salami	1 TL	Oregano, getr.
60 g	Kochschinken	1 EL	Frischkäse
120 g	Mozzarella, gerieben	etwas	Salz & Pfeffer

Tipp:
Wer möchte, kann die Brötchen mit Peperoni servieren.

1.

Brötchen halbieren und das Innere etwas aushöhlen. Knoblauchzehen fein hacken. Salami und Schinken klein würfeln und mit Knoblauch und restlichen Zutaten zu einer Masse verrühren.

2.

Masse auf die halbierten Brötchen verteilen und im Airfryer 8 Min. bei 180 °C backen.

Garzeit:
Temperatur 180 °C
8 Min.

Pro Stück:
313 kcal | 20 g KH | 16 g EW | 18 g Fett

Apfel-Quark-Muffins
MIT HAFERFLOCKEN

6 Stück

Zutaten

1	Apfel
125 g	Magerquark
60 g	Haferflocken
1	Ei (Gr. M)
1 TL	Zimt, gem.
1 TL	Backpulver
4 EL	Puderzucker
2 TL	Wasser
25 g	Pistazien, gehackt

Zubehör: 6 Silikon-Muffinformen

1.

Apfel entkernen und fein würfeln (Thermomix: 10 Sek./Stufe 4). Mit Quark, Haferflocken, Ei, Zimt und Backpulver vermischen. Masse in 6 Silikon-Muffinformen füllen und im Airfryer 20 Min. bei 170 °C backen.

2.

Nach dem Backen abkühlen lassen und aus den Formen nehmen. Puderzucker und Wasser gut verrühren. Die Muffins mit Puderzuckerguss überziehen und mit Pistazien bestreuen.

Tipp:
Auch lecker mit Birnen! Wer auf den Zuckerguss verzichten möchte, gibt einfach 1-2 EL Zucker mit in den Teig.

Garzeit:
Temperatur 170 °C
20 Min.

Pro Muffin:
146 kcal | 21 g KH | 6 g EW | 4 g Fett

Baked Oats mit Hüttenkäse

2 Portionen

Zutaten

200 g	Hüttenkäse	1 TL	Zimt, gem.
100 g	Haferflocken	etwas	Vanillearoma
2	Eier (Gr. M)	125 g	Heidelbeeren
50 ml	Milch, 1,5%	etwas	Puderzucker
1 EL	Honig		
3 TL	Leinsamen, geschrotet		
1 TL	Backpulver		

Zubehör: Auflaufform, 20 x 20 cm

1.

Alle Zutaten (außer Heidelbeeren) miteinander verrühren. In eine kleine Form (20 x 20 cm) geben und mit den Heidelbeeren belegen.

2.

Im Airfryer 25 Min. bei 170 °C backen. Danach mit Puderzucker bestäubt servieren.

Tipp:

Auch lecker mit Apfel! Anstatt Heidelbeeren einfach 100 g Apfelstückchen verwenden.

Hinweis:

Schmeckt nicht allzu süß!
Wer es süßer mag, kann noch 1 EL braunen Zucker zugeben.

Garzeit:

Temperatur 170 °C
25 Min.

Pro Portion:
480 kcal | 44 g KH | 29 g EW | 18 g Fett

Platz für notizen